geiriau
Cymraeg cyntaf

Cynnwys/Contents

first Welsh words

RILY

Lliwiau

P'un yw dy hoff liw?

Pa liwiau rwyt ti'n eu gwisgo heddiw?

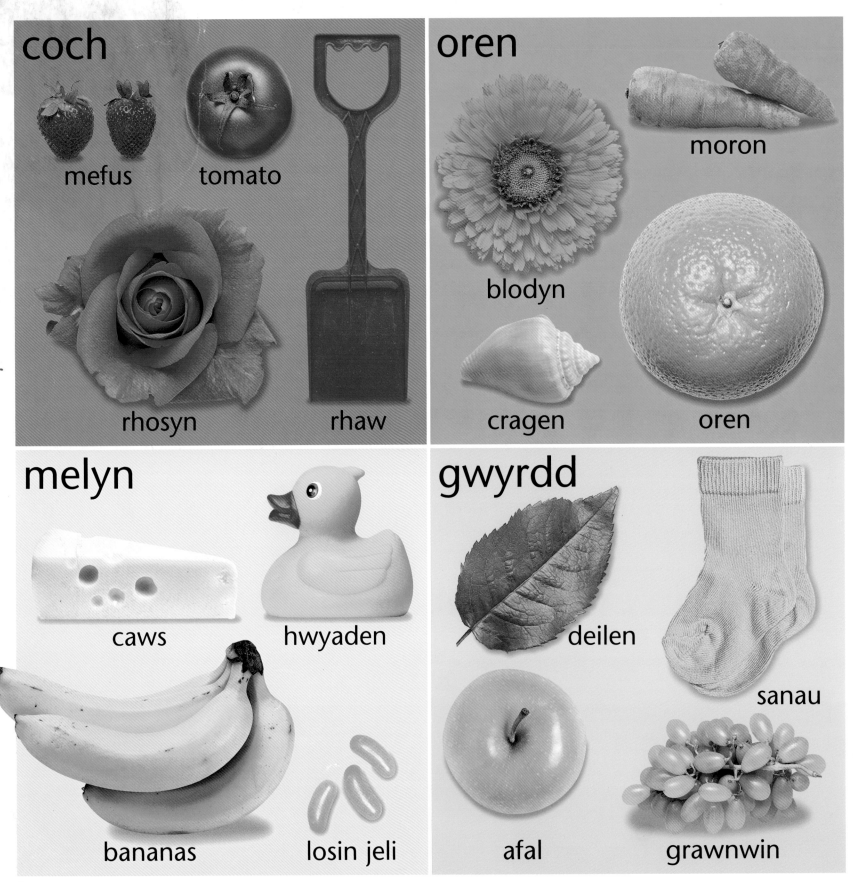

coch

mefus

tomato

rhosyn

rhaw

oren

moron

blodyn

cragen

oren

melyn

caws

hwyaden

bananas

losin jeli

gwyrdd

deilen

sanau

afal

grawnwin

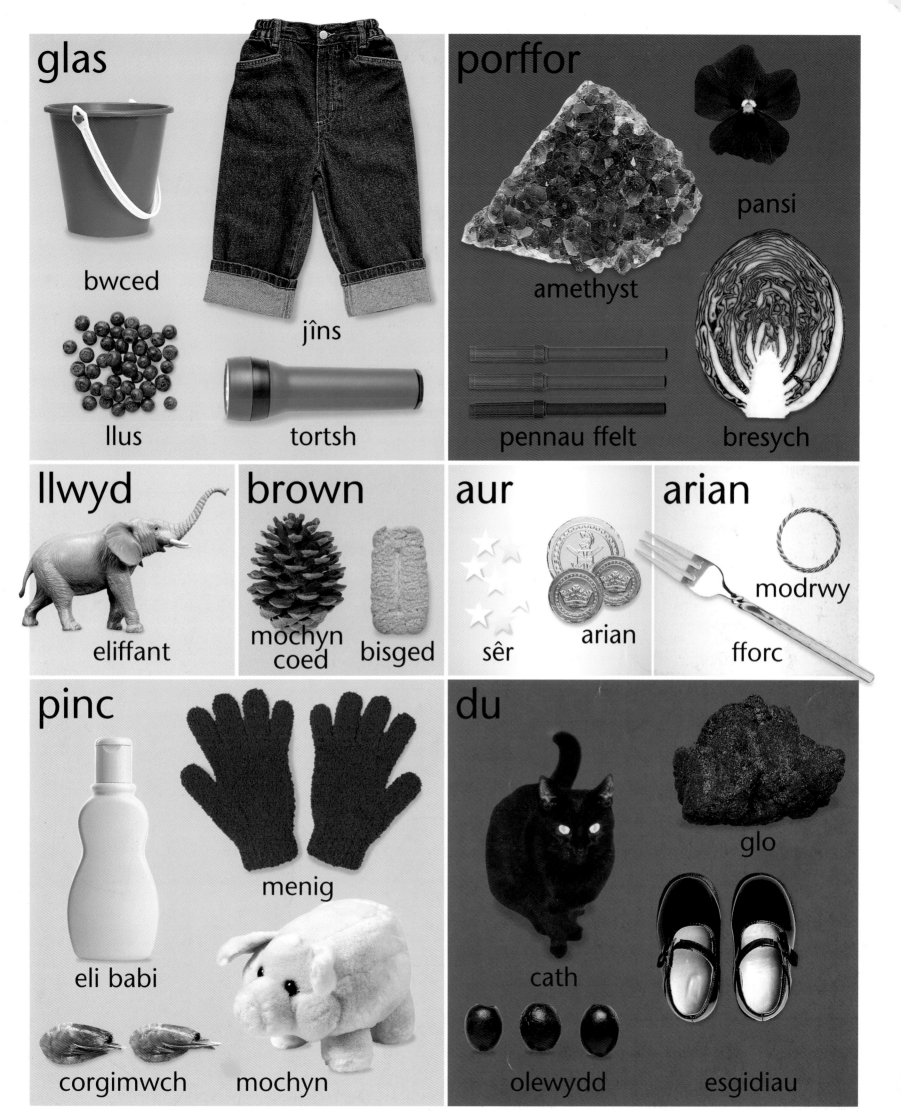

glas

bwced

jîns

llus

tortsh

porffor

amethyst

pansi

pennau ffelt

bresych

llwyd

eliffant

brown

mochyn coed

bisged

aur

sêr

arian

arian

modrwy

fforc

pinc

eli babi

menig

corgimwch

mochyn

du

cath

glo

olewydd

esgidiau

3

Yr wyddor

Pwyntia at **g** ac **w**! Wyt ti'n gallu sillafu dy enw?

Beth am ddweud yr wyddor gyda'n gilydd?

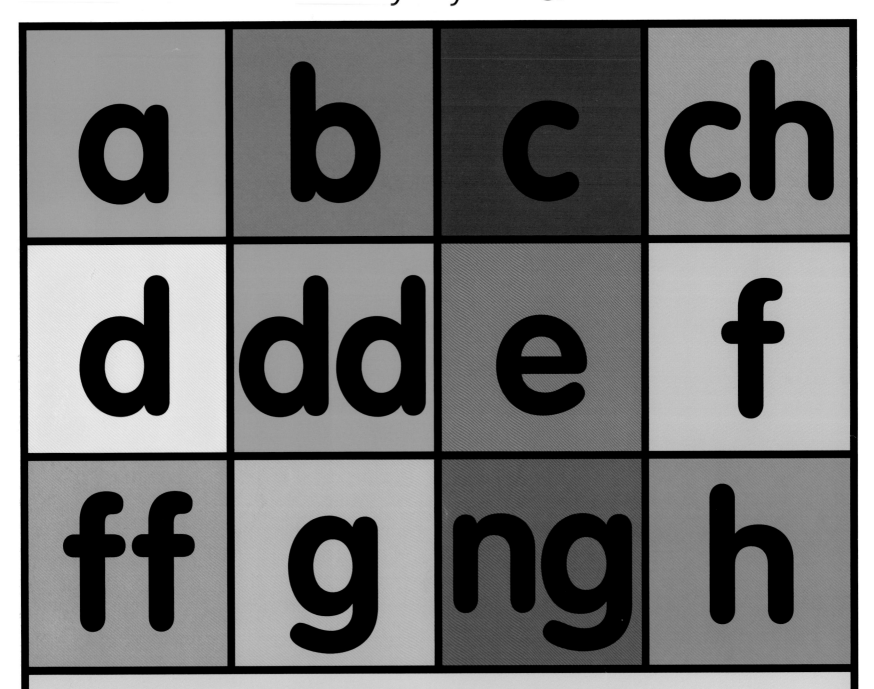

a b c ch d d dd e f f ff g ng h i j l ll m n o p ph r rh s t th u w y

A B C Ch D Dd E F Ff G Ng H I J L Ll M N O P Ph R Rh S T Th U W Y i j

l ll m n

o p ph r

rh s t th

u w y

afal
balŵn
cath
chwech

5

Rhifau

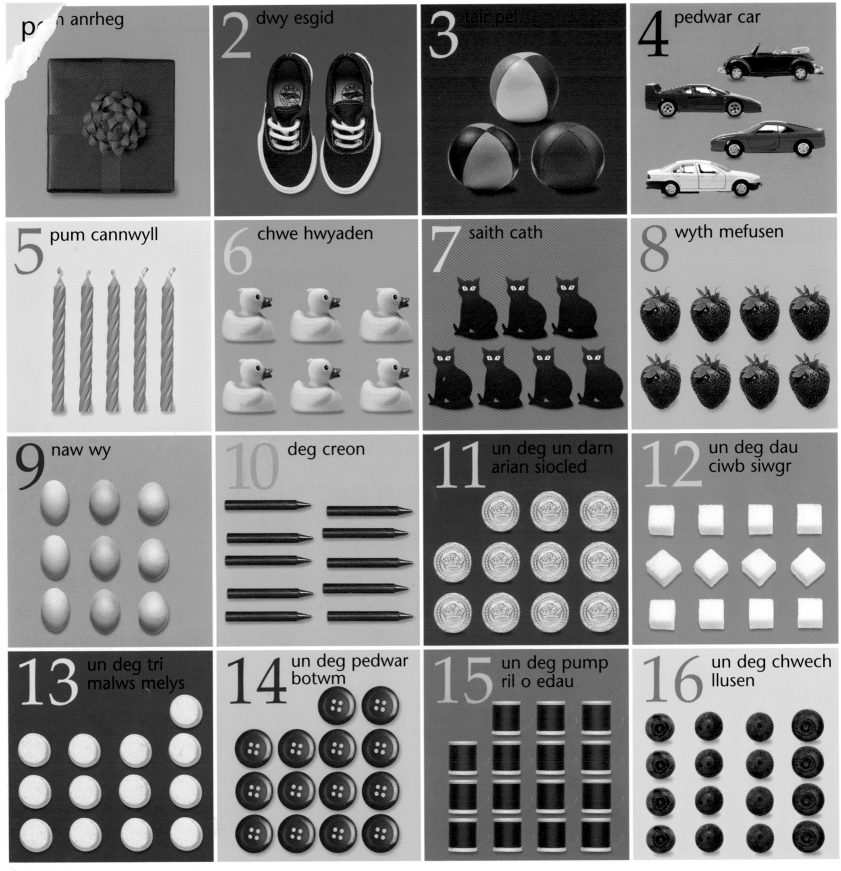

pum anrheg

2 dwy esgid

3 tair pêl

4 pedwar car

5 pum cannwyll

6 chwe hwyaden

7 saith cath

8 wyth mefusen

9 naw wy

10 deg creon

11 un deg un darn arian siocled

12 un deg dau ciwb siwgr

13 un deg tri malws melys

14 un deg pedwar botwm

15 un deg pump ril o edau

16 un deg chwech llusen

17 un deg saith glain

18 un deg wyth losinen
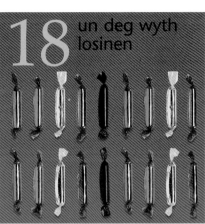

19 un deg naw hogwr

30 tri deg cragen

40 pedwar deg bisged

50 pum deg blodyn

7

Fy nghorff

Wyt ti'n gallu dod o hyd i'r llygaid?
Beth am guro ein dwylo?
a rannau o'r corff rwyt ti'n gallu eu henwi?

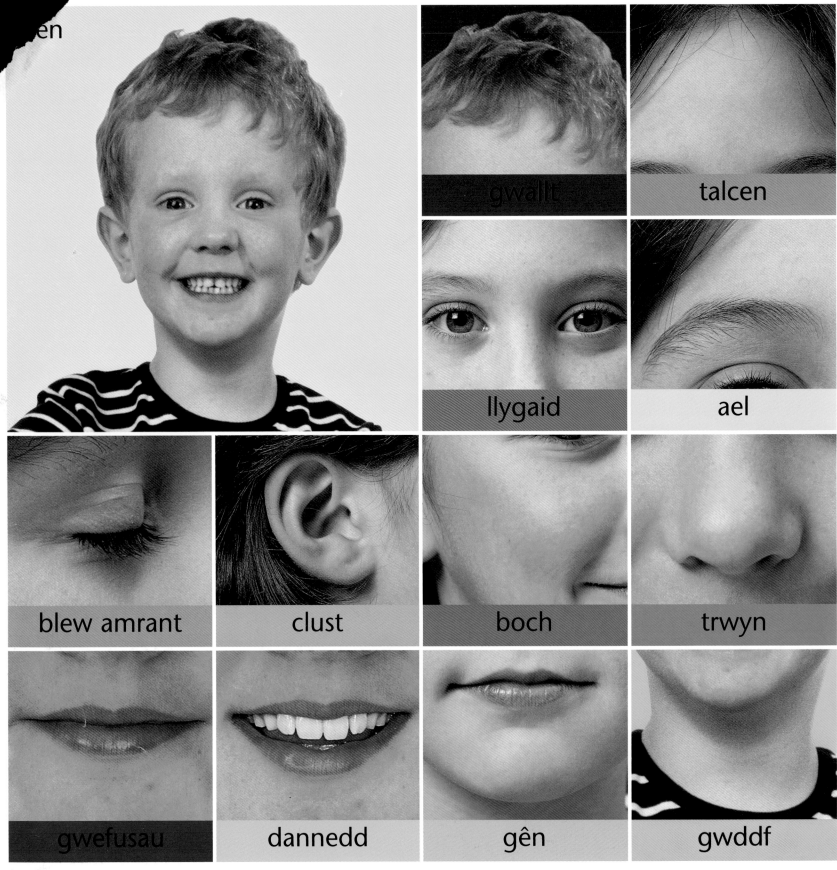

gwallt

talcen

llygaid

ael

blew amrant

clust

boch

trwyn

gwefusau

dannedd

gên

gwddf

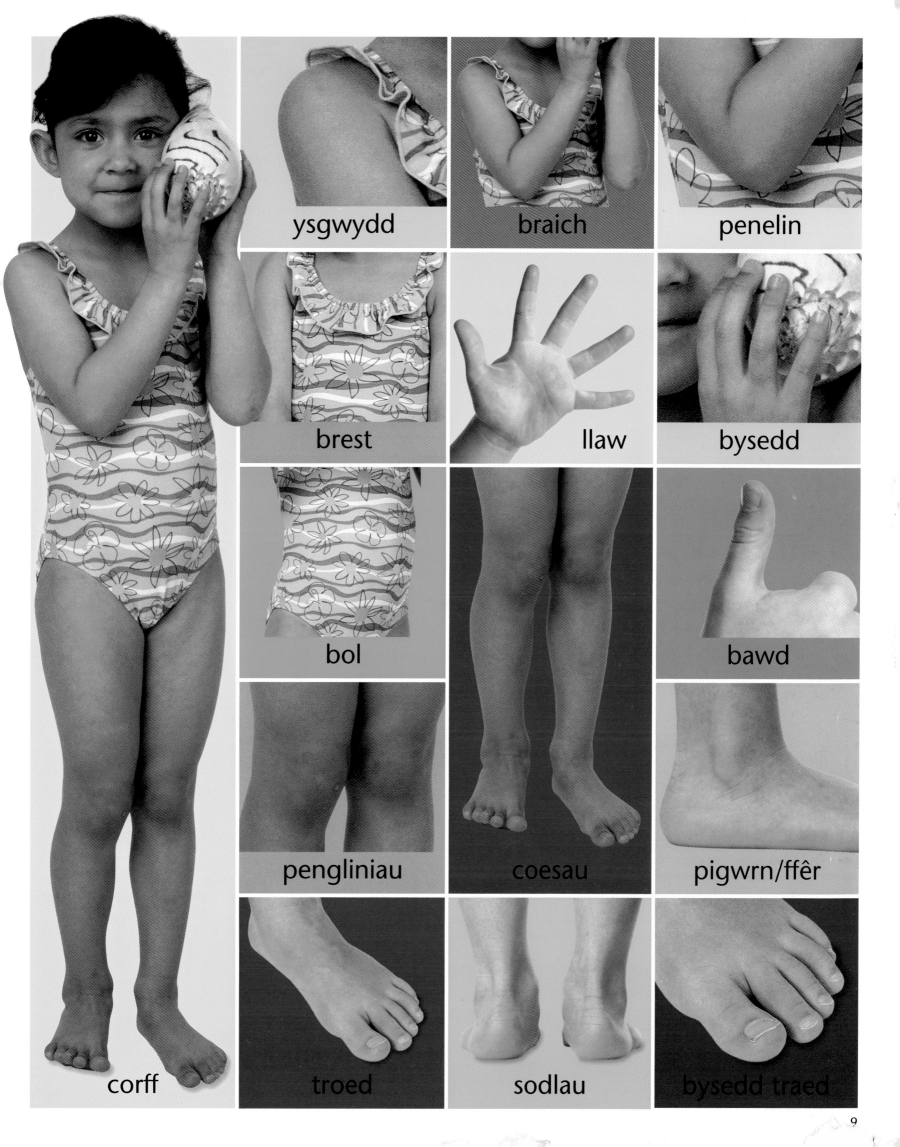

corff

ysgwydd

braich

penelin

brest

llaw

bysedd

bol

bawd

pengliniau

coesau

pigwrn/ffêr

troed

sodlau

bysedd traed

9

Dillad i'w gwisgo

Beth wyt ti'n ei wisgo pan fydd hi'n oer?
Beth wyt ti'n ei wisgo heddiw?

côt law

siwt gysgu

bib

cardigan

dyngarîs

esgidiau

fest

nicer

jîns

pants/trôns

sanau

côt	tei	siaced	esgidiau cynfas
trowsus	ffrog	cap pêl fas	sgert
crys T	bŵts	crys	gwregys
sgarff	siwmper	mits	
esgidiau glaw	menig	het wlân	teits

Yn y gegin

Beth hoffet ti ei goginio?   Chwilia am dair sosban!

Wyt ti'n gallu gweld pethau i'w bwyta?

plât

sosban

sbatwla

halen a phupur

wyau

chwisg

blawd

tun pobi

torwyr crwst

menig ffwrn

oergell

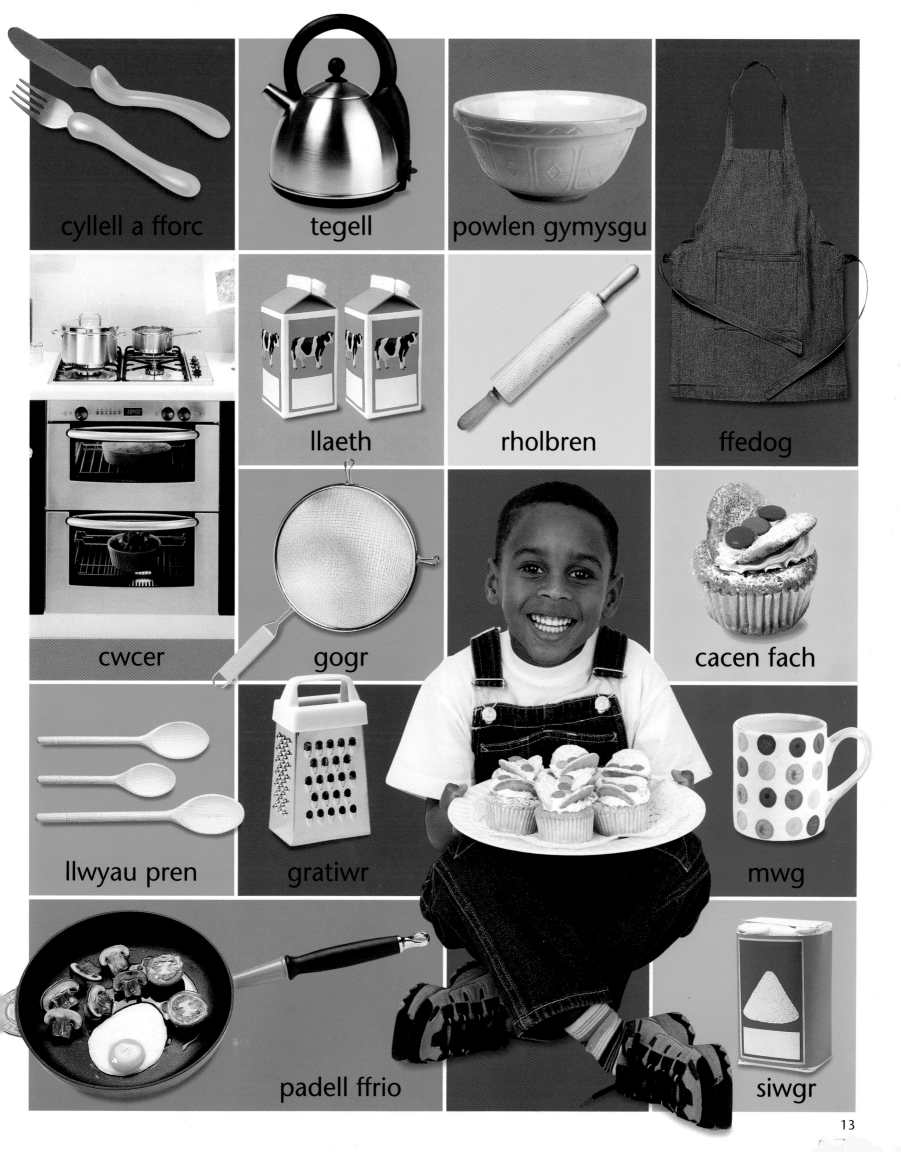

cyllell a fforc

tegell

powlen gymysgu

llaeth

rholbren

ffedog

cwcer

gogr

cacen fach

llwyau pren

gratiwr

mwg

padell ffrio

siwgr

13

Bwyd a diod

Pa rai o'r bwydydd hyn rydyn ni'n eu bwyta'n boeth?

Beth wyt ti'n hoffi ei fwyta?

brechdan

pasta

grawnfwyd

ysgytlaeth

selsig

ffa pob

popgorn

iogwrt

pitsa

salad ffrwythau

taten bob

byrgyr

caws ar dost

tarten afalau

wyau wedi'u berwi

wafflau a syryp

salad

bara

tro-ffrio

bisgedi

sudd oren

sglodion

myffins

creision

tarten sawrus

hufen iâ

toesen

cyw iâr

15

Ffrwythau

Pwyntia at y bananas!

Chwilia am ffrwythau coch!

P'un yw dy hoff ffrwyth di?

afal pin

mefus

eirin gwlanog

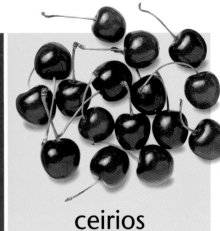
ceirios

bananas

gellyg

llus

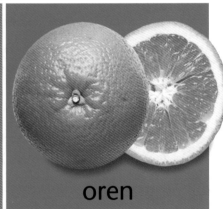
oren

eirin

ffrwyth kiwi

lemwn

grawnwin

melon

afalau

mafon

mango

Llysiau

Enwa'r llysiau i gyd! Ble mae'r tatws?
Faint o lysiau gwyrdd sydd yma?

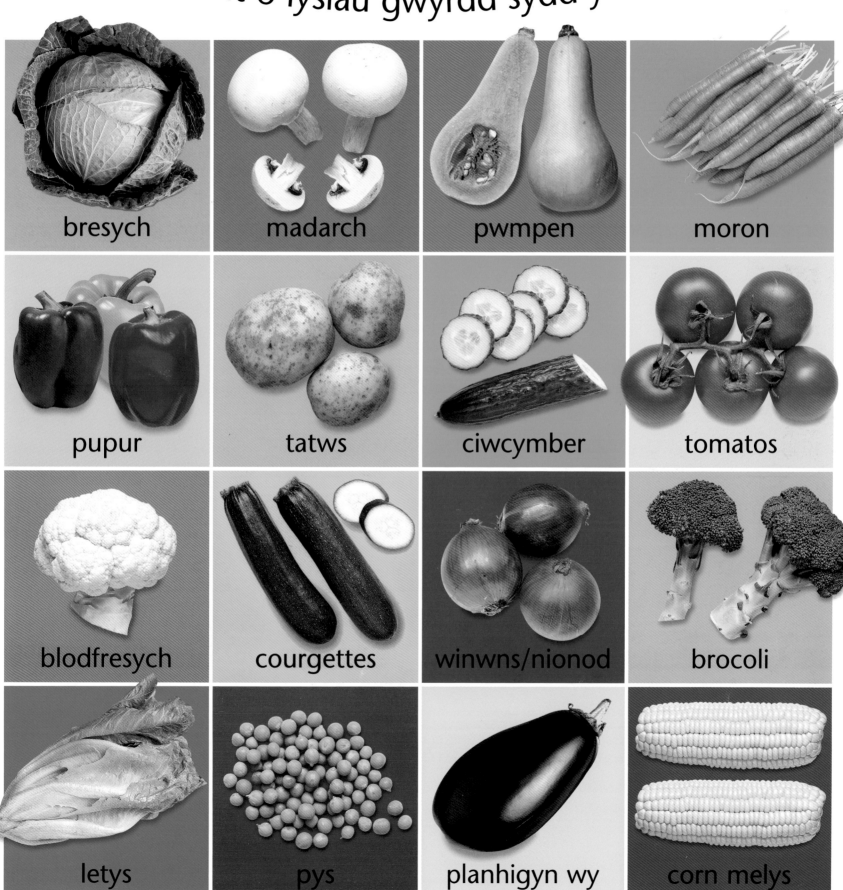

bresych	madarch	pwmpen	moron
pupur	tatws	ciwcymber	tomatos
blodfresych	courgettes	winwns/nionod	brocoli
letys	pys	planhigyn wy	corn melys

Amser chwarae

Ble mae'r deinosor? Beth am enwi'r teganau?

Pa deganau sy'n gwneud sŵn?

teganau meddal

marblis

drwm

clai

chwirligwgan

rhaff sgipio

masgiau

awyren

pos

robot

lorri

sbring tegan

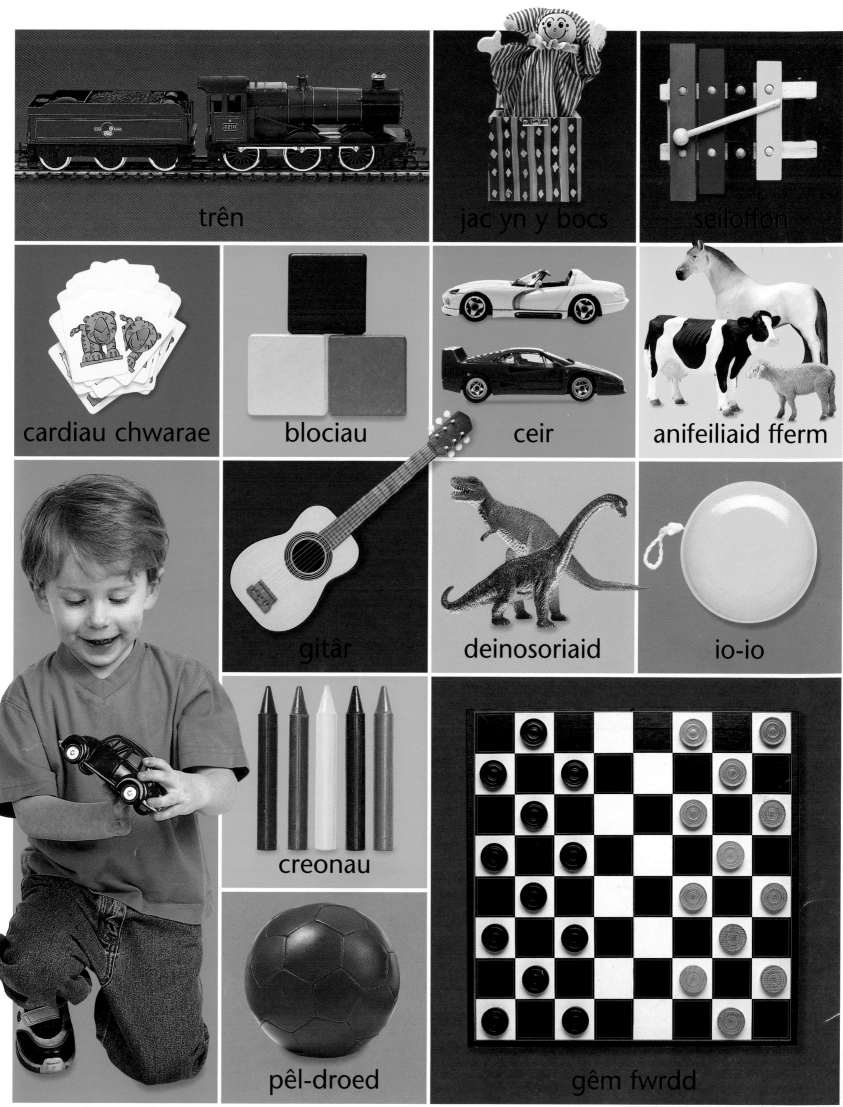

trên

jac yn y bocs

seiloffon

cardiau chwarae

blociau

ceir

anifeiliaid fferm

gitâr

deinosoriaid

io-io

creonau

pêl-droed

gêm fwrdd

Amser bath

Ble mae'r poti? Beth sydd yn y bath?

Beth rwyt ti'n ei ddefnyddio i lanhau dy ddannedd?

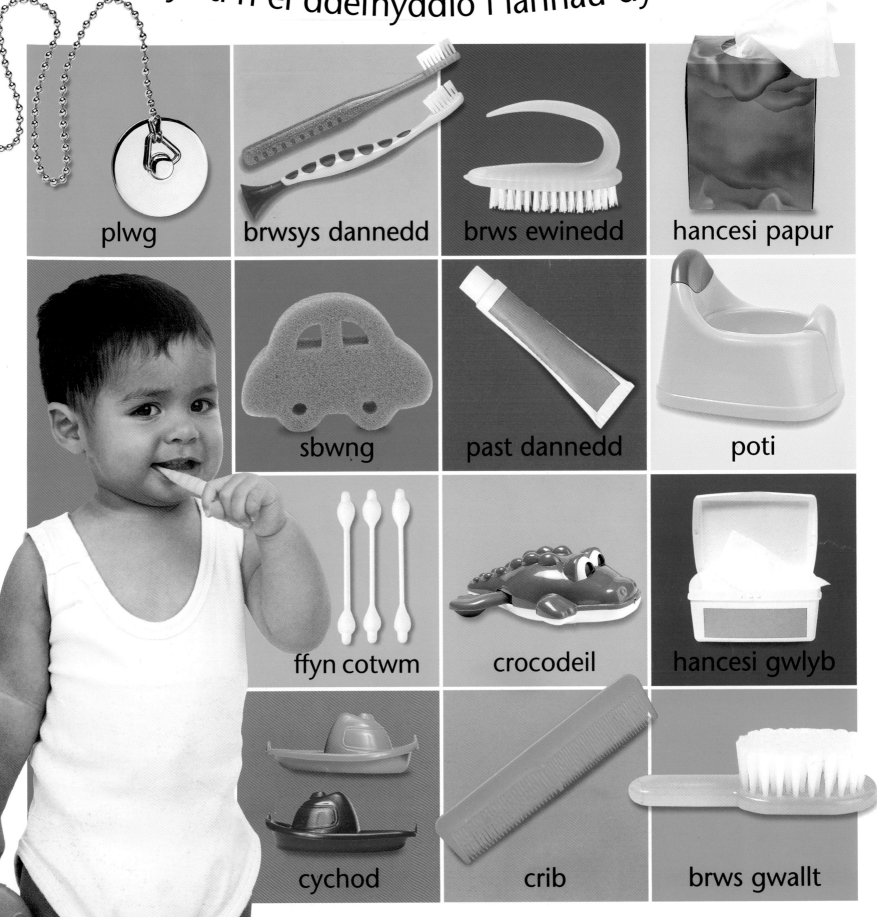

plwg

brwsys dannedd

brws ewinedd

hancesi papur

sbwng

past dannedd

poti

ffyn cotwm

crocodeil

hancesi gwlyb

cychod

crib

brws gwallt

powdr

siampŵ

peli gwlân cotwm

hwyaden

gwlanen

sebon

tap

papur toiled

tywelion

swigod bath

bath

basn ymolchi

Amser gwely

Beth wyt ti'n ei wisgo yn y gwely?   Ble mae'r cwilt?

Faint o sliperi rwyt ti'n gallu eu cyfrif?

lleuad

lamp

tedis

pyjamas

blancedi

cwpan

sliperi

potel ddŵr poeth

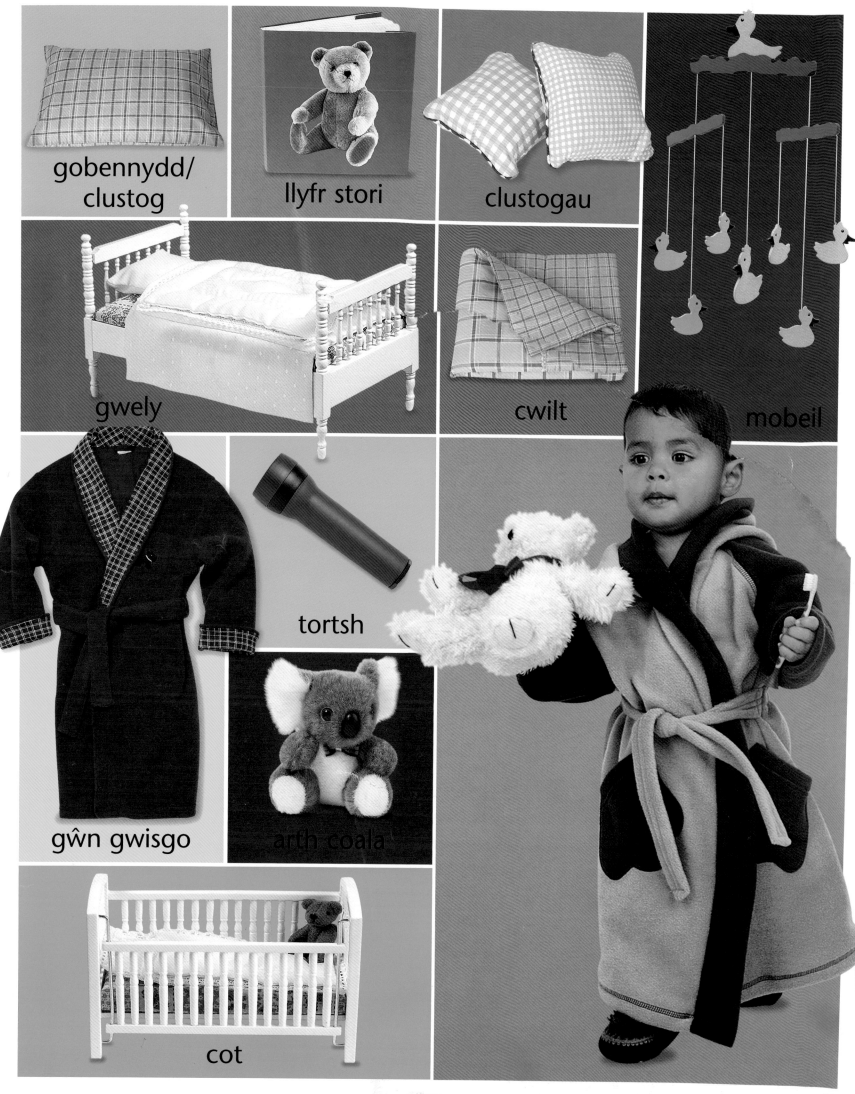

gobennydd/
clustog

llyfr stori

clustogau

gwely

cwilt

mobeil

tortsh

gŵn gwisgo

arth coala

cot

Yn yr ysgol

Faint o blant sydd yma?   Pwyntia at y llythrennau!

Beth gallet ti ei ddefnyddio i dynnu llun?

pensiliau lliw

caspensiliau

bwrdd gwyn

athrawes a phlentyn

bocs paent

brwsys paent

îsl

pennau ffelt

papur

riwl

glud

awyren jet

balŵn aer poeth

hofrenydd

parasiwt

awyren

trên un gledren

gwennol ofod

awyren uwchsonig

fan

tram

bws ysgol

llong

car heddlu

car rasio

27

Yn y wlad

Beth am enwi'r anifeiliaid?

Pwyntia at y blodau!

Beth rwyt ti'n ei weld yn y wlad?

llygoden

dant y llew

tylluan

dail

morgrug

sioncyn y gwair

rhedyn

cadno/llwynog

coeden

llygad y dydd

mes

nant

neidr gantroed

coedwig a chlychau glas

gwenynen

pont

cnocell y coed

aeron

blodau menyn

gwiwer

dôl

concers

cwningen

gwas y neidr

nyth aderyn

mochyn coed

caws llyffant

broga

lôn goed

lindysyn

brigau

rhaeadr

Ar y fferm

Beth am gyfrif yr hwyaid?

Beth sy'n tyfu mewn perllan?

Pa beiriannau rwyt ti'n gallu eu gweld?

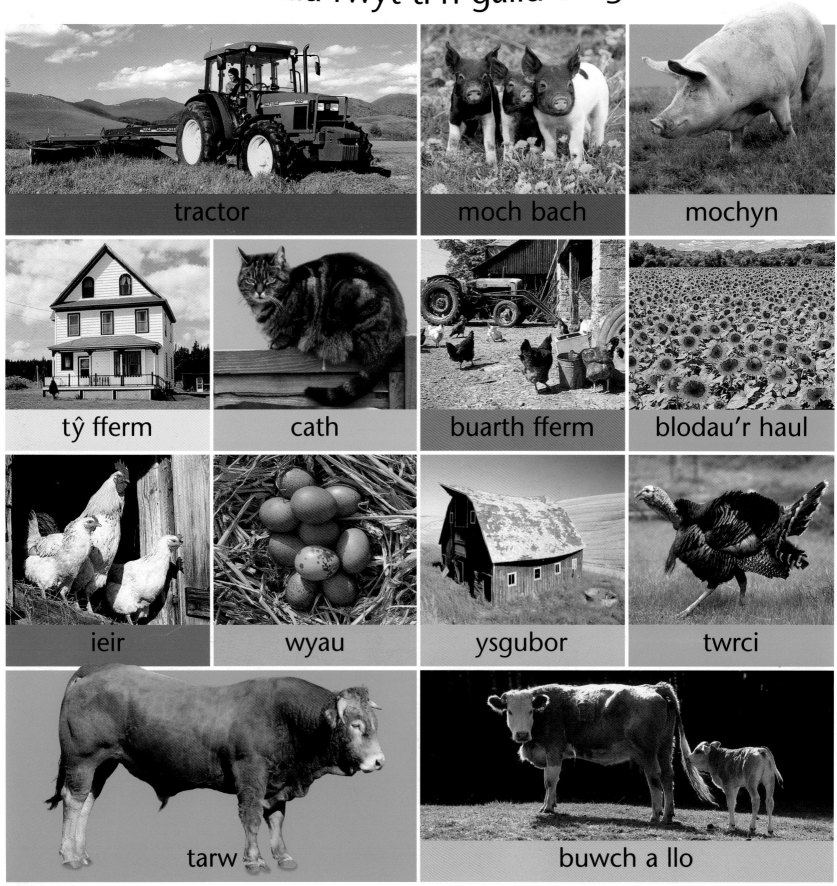

tractor

moch bach

mochyn

tŷ fferm

cath

buarth fferm

blodau'r haul

ieir

wyau

ysgubor

twrci

tarw

buwch a llo

cŵn defaid

caeau

gafr

gwellt

ceffyl

perllan

hwyaid

fferm

dafad

combein

gwenith

oen

gŵydd

gwinllan

Amser

Faint o'r gloch yw hi nawr? Ble mae'r lleuad?

Beth am ddarllen y rhifau ar y cloc?

y wawr

dydd

haul

amser brecwast

cloc

amser te

amser cinio

amser gwely

machlud haul

nos

lleuad